A *amorosidade*
DO DEUS-*ABBA*
E JESUS DE NAZARÉ

Dados Internacionais de Catalogação na Publicação (CIP)
(Câmara Brasileira do Livro, SP, Brasil)

Boff, Leonardo
    A amorosidade do Deus-*Abba* e Jesus de Nazaré / Leonardo Boff. – Petrópolis, RJ : Vozes, 2023.

    ISBN 978-65-5713-767-3
    1. Cristologia 2. Deus 3. Jesus Cristo 4. Teologia
I. Título.

22-128493   CDD-232

Índices para catálogo sistemático:
1. Cristologia : Teologia 232

Eliete Marques da Silva – Bibliotecária – CRB-8/9380

A amorosidade
DO DEUS-*ABBA* E JESUS DE NAZARÉ

Leonardo Boff

Petrópolis

© by Animus/Anima Produções Ltda.
Caixa Postal 92.144 – Itaipava
25741-970 Petrópolis, RJ
www.leonardoboff.com

Direitos de publicação em língua portuguesa:
2023, Editora Vozes Ltda.
Rua Frei Luís, 100
25689-900 Petrópolis, RJ
www.vozes.com.br
Brasil

Todos os direitos reservados. Nenhuma parte desta obra poderá ser reproduzida ou transmitida por qualquer forma e/ou quaisquer meios (eletrônico ou mecânico, incluindo fotocópia e gravação) ou arquivada em qualquer sistema ou banco de dados sem permissão escrita da editora.

Diretor Editorial
Gilberto Gonçalves Garcia

Editores
Aline dos Santos Carneiro
Edrian Josué Pasini
Marilac Loraine Oleniki
Welder Lancieri Marchini

Conselheiros
Elói Dionísio Piva
Francisco Morás
Ludovico Garmus
Teobaldo Heidemann
Volney J. Berkenbrock

Secretário Executivo
Leonardo A.R.T. dos Santos

Editoração: Maria da Conceição B. de Sousa
Projeto gráfico: Sheilandre Desenv. Gráfico
Revisão gráfica: Rúbia Campos
Capa: Adriana Miranda

ISBN: 978-65-5713-767-3

Este livro foi composto e impresso pela Editora Vozes Ltda.

*Dedico este livro ao Pe. Júlio Lancellotti, pastor da população em situação de rua em São Paulo, que nos mostrou por sua vida e exemplo o que é amar à moda do Deus-**Abba** e de seu Filho bem-amado Jesus de Nazaré.*

O que sustenta a fé cristã durante toda a história e até os dias de hoje é a fé na ressurreição. Esta não é a reanimação de um cadáver, como o de Lázaro (Jo 11,43), mas a irrupção do *novissimus Adam* (1Cor 15,45): o ser humano novo que realizou todas as suas virtualidades, de sorte que a morte não possui mais nenhum domínio sobre ele. Assumiu as características do próprio Deus.

Sumário

1 Relevância da ressurreição para a cristologia, 9

2 A carne (a jesuologia) precede o espírito (a cristologia), 15

3 O projeto fundamental de Jesus: articular o Pai nosso com o pão nosso, 25

4 De um monoteísmo estrito para um monoteísmo trinitário, 29

5 A importância do batismo de Jesus: a consciência de ser Filho do Deus-*Abba*, 33

6 A experiência originária: a amorosidade do Deus-*Abba*, 39

7 A grande transformação: a amorosidade incondicional do Deus-*Abba*, 45

8 Como Jesus revela a amorosidade do Deus-*Abba* com gente mal-afamada, 49

9 Não há uma condenação eterna, só temporal, 53

10 A grande recusa da amorosidade incondicional do Deus-*Abba*, 57

11 A inversão: a conversão do pai do filho pródigo, 63

12 Jesus e as tentações no deserto: os três projetos de poder, 65

13 A espiritualidade do Jesus histórico: suas três paixões, 75

14 O futuro da radical amorosidade do Deus-*Abba* e de Jesus, 85

15 O surgimento de uma cristologia aberta para o futuro, 89

16 Conclusão: a amorosidade de Jesus e o destino da vida na Terra, 95

Bibliografia essencial, 99

1

Relevância da ressurreição para a cristologia

Pela ressurreição, o Jesus *kata sarka*, segundo a carne, limitado no espaço e no tempo palestinense, tornou-se o Cristo *kata pneuma*, o Cristo segundo o Espírito, quer dizer, segundo a natureza divina, e por isso, o Cristo cósmico, que enche todos os espaços do humano e do universo. Disse bem o ágrafon 77 do evangelho copta de São Tomé, no qual emerge a sua ubiquidade cósmica: "Eu sou a luz que está sobre todas as coisas. Eu sou o universo; o universo saiu de mim e o universo retornou a mim. Rache a lenha, e eu estou dentro dela; levante a pedra, e eu estou debaixo dela, pois estarei convosco todos os dias, até o fim dos tempos".

O evento ressurreição constitui, portanto, o ponto de partida de toda e qualquer jesuologia e cristologia. Jesus, por sua mensagem e ação, por seu magnetismo e carisma, provocou admiração e também a fé por parte dos apóstolos, dos discípulos e também de mulheres que o seguiam. Estas, ao contrário dos apóstolos, nunca o traíram e o acompanharam até o calvário. Ele era indubitavelmente alguém que tinha um poder especial de curar doentes e fazia exorcismos no sentido de libertar as pessoas de graves doenças psíquicas, consideradas, pelas categorias da época, possessão diabólica.

Contudo, se não tivesse ocorrido a ressurreição, tudo isso teria caído no esquecimento. Jesus entraria no rol dos tantos profetas que tentaram transformar o mundo e foram rejeitados e mortos. Ao contrário, com a ressurreição, tudo mudou. A ressurreição é a vitória sobre o tipo de morte que conhecemos e a inauguração de um outro tipo de vida, na qual a morte não tem mais lugar; uma vida em plenitude. Portanto, a ressurreição é a celebração de uma presença viva, e não a recordação de um passado morto.

Este é o fato fundante do cristianismo. A ressurreição comparece como uma revolução dentro da evolução. Não é só de Jesus; pois, segundo São Paulo e toda a tradição bíblica, é de toda a sua comunidade. Jesus é o primeiro entre muitos irmãos e irmãs (cf. Rm 8,29); nós participamos dela. Não vivemos para morrer; morremos para ressuscitar.

No entanto, na sua inculturação greco-romana, a ressurreição de Jesus foi lida apologeticamente, como o maior milagre e uma espécie de revide contra sua condenação injusta. A ressurreição do ser humano foi relegada para o fim do mundo; enquanto que, ao morrer, como eminentes teólogos ecumênicos sustentam, ela ocorre quando acaba o mundo e o tempo para a pessoa. O que vem após? A eternidade, com a ressurreição como expressão da completa realização de todas as virtualidades escondidas em cada pessoa.

Na história do cristianismo, encarnado na cultura greco-latina, a ressurreição foi substituída pela doutrina grega da imortalidade da alma. Isso fez com que o cristianismo, antes de um movimento de esperança e de antecipação do fim bom para a humanidade e para toda a criação, fosse transformado em uma instituição, em uma religião, ao lado e junto das demais, com tudo o que pertence à religião: doutrinas, cânones, ritos e tradições. Mas perdeu sua singularidade e aquele impulso utópico, presente na fé na ressurreição, capaz de dinamizar e transformar o destino humano.

Apesar desta errância, a ressurreição se manteve viva nas celebrações e nas liturgias, e especialmente pelo Sacramento da Eucaristia, no qual se reafirma a presença sacramental e real de Cristo vivo e ressuscitado entre nós.

Esse evento da ressurreição comparece como o deslanchador de qualquer cristologia que se apresente como cristã. Sem a fé na ressurreição não haveria o surgimento das comunidades cristãs, a assunção do caminho de Jesus nem se teriam escrito os quatro evangelhos e todos os demais textos neotestamentários. O que desafiava os apóstolos era exatamente: como interpretar a morte de cruz, tida como um escândalo e maldição divina, e a ressurreição como um evento surpreendente após a crucificação. Buscaram textos das Escrituras e rechearam os evangelhos com citações bíblicas, a fim de encontrarem um sentido de todos aqueles acontecimentos.

2

A carne (a jesuologia) precede o espírito (a cristologia)

Suposto este horizonte, a cristologia pode partir do Jesus histórico para poder chegar ao Cristo da fé. Neste caso, a carne precede o espírito. A historicidade concreta, vulnerável e limitada, com suas luzes e sombras (carne), sustenta o espírito, a dimensão salvífica e divina de Jesus (espírito), o Cristo. A jesuologia está na base da cristologia. Esta se evapora num idílio imaginativo sem a concretude daquela.

Importa, portanto, partir do Jesus histórico. Mas devemos pensar a história como a entendemos hoje dentro da nova visão do universo, da vida e da humanidade.

Jesus estava potencialmente presente naquele pequeniníssimo ponto, cheio de matéria, energia e informação, que depois explodiu (*big-bang*). Também estava potencialmente presente no interior das grandes estrelas vermelhas, em cujo coração se forjaram todos os elementos físico-químicos que compõem todo o universo. Ao explodirem, espalharam tais elementos em todas as direções e formaram as galáxias, as estrelas, os planetas como a Terra e cada um de nós, e também a humanidade do Jesus histórico. Assim, o ferro que corria em suas veias, o fósforo e o cálcio que fortaleciam seus ossos e seus nervos, o nitrogênio e o azoto que garantiam seu crescimento, os 65% de oxigênio e os 18% de carbono, sem os quais a vida não surge e prospera, estavam presentes em Jesus.

Sua origem, portanto, é tão ancestral quanto o universo. Suas *raízes* próximas se encontram na nossa Via Láctea; seu *berço*, no sistema solar; sua *casa*, no Planeta Terra; e seu *lugar* concreto na Palestina, mais precisamente em Nazaré.

Ele é um arameu, membro do povo semita, cuja procedência antiga se encontra na Mesopotâmia, atualmente no sudeste da Turquia, no nordeste da Síria e no norte do Iraque. Não era, portanto, um branco europeu, com olhos azuis e cabelos loiros, como vem representado na iconografia dominante, nem um grego nem um romano, mas exatamente um médio-oriental, um semita arameu com uma cor de pele pendendo para o moreno. Viveu numa província marginal do Império Romano, a Palestina e a Galileia, sob a *immensa pacis maiestas* do Imperador César Augusto.

Se partimos do Jesus histórico, devemos levar a sério sua natureza humana, formada ao longo de bilhões de anos de história cósmica e terrenal. Mas Ele também está inserido em nossa história concreta, humana, semita, com o peso que a história comporta: a complexidade, o alcance, a limitação, a finitude, as crises e a mortalidade.

A afirmação de que Ele é consubstancial a nós, em nossa inteira humanidade, implica reconhecer que Jesus passou por todas as etapas na constituição de sua identidade. Primeiramente, até os dois anos foi mais ligado à mãe Maria que, como todas as mães, conferiu-lhe o sentimento de aconchego e de acolhida. Na etapa posterior, a relação passou para a figura do pai José, no qual encontrou o herói, a força e a segurança. Ao pai cabe traçar os limites, ensinar o respeito a todas as pessoas e a reverência a Deus. O pai também é o elo de transição para as relações com outros para além da família: os avós, os parentes, os amigos, homens e mulheres em geral. Jesus encontrou o seu lugar na sociedade e definiu sua profissão.

Cada fase implica certa crise de passagem. Ela deve ser entendida dentro da normalidade no processo de individuação. É superando as crises que a pessoa amadurece e define seu caminho de vida. É a crise da juventude, a crise da maturidade, a crise da escolha da profissão. Por tudo isso o Jesus histórico passou; caso contrário, não seria humano como nós, e a encarnação não seria plenamente humana.

Cabe enfatizar que Jesus, como protagonista histórico, possui seu lado *objetivo* e também o seu lado *subjetivo*. Está no mundo junto com outros (objetivo) e simultaneamente sente, reage e pensa com suas experiências, com sua subjetividade própria (subjetivo). Como Jesus de Nazaré viveu objetiva e subjetivamente esta sua realidade factual concreta?

A maioria da produção cristológica, imensa e própria de cada geração, ou parte do Dogma da Encarnação do Filho do Pai na força do Espírito – portanto, do caráter divino de Cristo – ou parte do homem histórico, Jesus da Nazaré, de sua gesta, de sua mensagem, da esperança que suscitou e também dos conflitos que provocou e que, finalmente, de sua condenação à morte na cruz seguiu-se a ressurreição.

Atualmente, a teologia ecumênica, a partir dos estudos exegéticos, históricos e até arqueológicos, especialmente a Teologia da Libertação, partem do Jesus histórico, de seu seguimento, da centralidade de sua vida, de sua prática, claramente ligada aos mais pobres e sofredores e, por isso, libertadora. Seus seguidores, eventualmente, podem conhecer o mesmo destino: o risco da perseguição, da difamação e até da morte violenta, como se constata na história do cristianismo, especialmente entre nós, na América Latina e particularmente no Brasil, na região amazônica e em outros lugares de risco.

Diante da relevância do Jesus histórico, bem notou o teólogo francês Jean Onimus:

> O "Verbo encarnado" não tem mais qualquer impacto sobre nossos espíritos, mas a voz que indica o cuidado das crianças, que promete a felicidade aos humildes e que coloca o amor acima de todos os valores, sempre será escutada por todos os homens e em todos os tempos [...]. Recolocar Jesus em primeiro lugar, vê-lo viver, ouvir, enquanto ainda for possível, o tom de sua palavra, suas cóleras, suas impaciências, mas também seus momentos de afeição e de piedade, um ser totalmente humano que vem nos revelar – exatamente por ser humano – o que há de totalmente-outro no fundo de nós;

o que há, talvez, efetivamente de divino (ONIMUS, 1999, p. 26 e 28).

Ora, quando falamos de encarnação, pensamos exatamente nestas qualidades humanas de Jesus, embora a palavra "encarnação", por força de seu uso, tivesse perdido a densidade descrita acima.

O grande poeta português Fernando Pessoa disse a mesma coisa em sua linguagem poética: "Ele é o Deus que faltava. Ele é o humano que é natural. Ele é o divino que sorri e que brinca... tão humano que é divino".

Semelhantemente a este teólogo e a este poeta, foram publicados excelentes estudos, considerando o mundo concreto em que viveu o Jesus histórico como carpinteiro-artesão e camponês mediterrâneo.

O contexto é a ocupação de Israel pelas forças imperiais romanas, as várias tendências religiosas e políticas internas ao judaísmo de seu tempo e o conflito que Jesus mesmo provocou: por sua mensagem de esperança, por sua prática libertadora e pela autoridade e soberania com as quais agia como quem atuava em nome de Deus. Anunciava o projeto do Pai: o Reino de Deus que está em nosso meio.

As fontes são principalmente os quatro evangelhos (e acrescentamos o evangelho apócrifo de Tomé, a Didaqué e a *Quele* – Fonte –, texto-base para os evangelhos de Mateus e de Lucas, e também o código D) e demais textos do Novo Testamento, especialmente os escritos de São Paulo; ele mesmo, grande testemunha da ressurreição, embora não tivesse conhecido o Jesus histórico. Os evangelhos, que começaram a ser escritos após 35-45 anos da execução de Jesus na cruz, vêm marcados por reflexões sutis, verdadeiras teologias que procuram compreender a vida, a morte violenta e a ressurreição de Jesus.

Cada um dos evangelhos representa uma determinada comunidade que, ao longo dos assim chamados anos obscuros (entre a morte de Jesus e a redação dos textos evangélicos), produziu reflexões sobre o significado humano e divino de Jesus. Neles foram mescladas memórias históricas, teologias e a intenção missionária de expandir a nova forma de dizer Deus (Trindade), anunciar a boa-nova do Reino e testemunhar o evento da ressurreição como a grande esperança para a humanidade.

Essa combinação entre memórias de fatos históricos e reflexões teológicas, e mesmo a produção direta de teologia, representa o esforço daquelas comunidades primitivas de entender e anunciar o que foi vivido e demonstrado por Jesus: a amorosidade do Deus-*Abba* para com todos. Assim, por exemplo, parecem ser uma produção teológica os relatos da infância de Jesus. Esse conjunto de fatores, no entanto, deixa pouco clara, em termos estritamente históricos, qual foi a *ipsissima vox Jesu* (suas palavras originais) e qual foi a *ipsissima intentio Jesu* (seu projeto de base).

3

O projeto fundamental de Jesus: articular o Pai nosso com o pão nosso

Dando por pressuposta toda uma investigação exegética que não cabe aqui resumir, são muitos os estudiosos que afirmam: é na oração do Pai-nosso (Lc 11,2-4; Mt 6,9-13) que descobrimos o seu projeto fundamental. **Antes de mais nada, a partir da oração do Pai-nosso foram ditas coisas que passaram a ser consideradas essenciais: o mistério da encarnação do Verbo, a Igreja, a hierarquia, a Eucaristia e os dogmas cristológicos e trinitários.** Para Jesus, nada disso deve ser levado em consideração. O importante é o *Pai nosso*, seu desígnio salvador, que é o *Reino*, e o *pão nosso*, o ser humano em suas necessidades básicas. Vale esclarecer que Jesus chama Deus de *Abba*, uma expressão sem paralelo em toda a literatura judaica, uma alocução infantil que ninguém usaria com referência a Deus. Mas ela descortina uma relação de intimidade e de total confiança como se tem, no dia a dia, para com o pai ou o avô. Jesus usa 170 vezes a expressão *Abba*, paizinho querido.

Quando os discípulos pedem a Jesus: "Senhor, ensina-nos a rezar" (Lc 11,1), coisa que todo judeu sabe muito bem, isso representa um recurso linguístico de lhe pedir: "Senhor, faça-nos entender claramente sua intenção fundamental ou qual é o propósito de sua mensagem". Jesus revela, então, sua intenção originária em forma de oração. É o *Pai-nosso* atual, sempre rezado em toda a Cristandade.

Resumidamente podemos afirmar que o essencial de sua mensagem contida nesta oração reside nestes dois polos: o *Pai nosso* e o *pão nosso* no arco do *Reino*, que configura o projeto derradeiro e supremo de Deus sobre a humanidade e sobre toda a criação.

Se bem repararmos, esta oração reveladora que Tertuliano († 225) – talvez o mais eminente teólogo leigo do cristianismo antigo, do norte da África –, chamou de "súmula de todo o evangelho" (*breviarium totius evangelii*) vem ao encontro de três fomes fundamentais de cada ser humano:

- A *existência de Alguém* que o possa acolher assim como é e lhe confira um derradeiro aconchego; e aí surge a figura do Deus-*Abba*.

- Outra fome, insaciável, é por um sentido último e pleno de tudo o que existe no céu e na terra, sempre presente na vida humana; assim emerge a figura do *Reino*.

- A terceira fome, saciável, mas sem a qual as demais perderiam seu chão, é a do *pão*, alimento diário que garante a continuidade da vida na Terra.

Só quem mantém sempre unidos o *Pai nosso* e *o pão nosso* na perspectiva de um sentido final e planificador, o Reino, pode dizer Amém.

Na história conhecemos polarizações: há os que celebram o *Pai nosso*, cantam e dançam por sua bondade, esquecendo o *pão nosso*. E há os que, ao contrário, lutam e se sacrificam pelo *pão nosso* esquecendo o *Pai nosso*. Ambos representam libertações, mas insuficientes que, no fundo, não respondem às três fomes fundamentais do ser humano. Não se alinham à Tradição de Jesus.

Seguramente a exegese crítica identifica outras palavras do Jesus histórico como dados assegurados. Por exemplo, as bem-aventuranças, alguns milagres e especialmente o grito no alto da cruz, mantido pelos evangelistas na sua formulação hebraica/aramaica: "*Eloí, eloí, lemá sabactâni*" ("Meu Deus, meu Deus, por que me abandonaste") (Mc 15,34 par.).

Já que estamos no âmbito da história, sem desvalorizar sua *dimensão objetiva* (sua divindade), interessa-nos a dimensão *subjetiva*; vale dizer, o processo interior de Jesus que o levou a se sentir como Filho do Deus-*Abba*.

4

De um monoteísmo estrito para um monoteísmo trinitário

Esse processo é extremamente surpreendente, num certo sentido chocante, pois toda a tradição judaica, dos primórdios aos dias de hoje, afirma ao mundo o monoteísmo, a soberania de *um único* Deus verdadeiro. Os judeus condenados às câmaras de gás, no extermínio nazista, a *Shoá*, entravam cantando o *Shemá Israel, Adonai Echad* (Escute Israel, nosso Deus é um).

Como alguém ousa criar uma ruptura nessa tradição de mártires em nome do único e verdadeiro Deus e afirma ser Filho de Deus? É blasfêmia? É loucura? Não é nem blasfêmia nem loucura, mas o anúncio de uma outra compreensão de Deus: único sim, mas que quis companheiros em sua vida, que se autocomunicou sem resto à humanidade pelo Filho do Pai que se encarnou em nossa carne (Jo 1,14) e pelo Espírito que faz sua morada em Maria de Nazaré (Lc 1,35). Precisamos entender o que representa essa reivindicação divina por parte de Jesus para os fiéis judeus, até para fazer-lhes justiça. Mostraram imensa dificuldade para acolher Jesus como Filho de Deus e que agia em nome dele.

Mesmo entre os cristãos, sabemos como foi difícil e longa a batalha intelectual até o Concílio de Calcedônia (451) para professar que "Jesus Cristo é verdadeiro Deus e verdadeiro homem, com a mesma substância do Pai e a verdadeira substância humana" como a nossa. Essa profissão de fé abriu o caminho para conferir, mais tarde, a mesma natureza divina ao Espírito criador que impulsionava Jesus em sua pregação libertadora e deu coesão à primeira comunidade apostólica na festa judaica de Pentecostes. Já no credo cristão no Concílio de Constantinopla (381), a fé cristã, a piedade e a reflexão assumiram definitivamente a natureza trinitária de Deus como Pai, como Filho e como Espírito Santo.

Irrompe, assim, a maneira trinitária de conceber e falar de Deus como um Deus--comunhão, um Deus-amor, um Deus-relação. Isso tem a ver com uma inter-retro--relação (pericórese) entre as divinas Pessoas, tão essencial que permite falar de um único Deus vivo cuja natureza é relacional. *No princípio não está a solidão do Uno, mas a comunhão dos Três*. Estes estão tão entrelaçados e envolvidos um no outro, pelo outro e com o outro que emerge um único Deus-amor, um único Deus-comunhão, um único Deus-relação essencial. Surge um monoteísmo, não mais estrito, mas trinitário. Não é mais a mesma concepção, partilhada por judeus e por muçulmanos, de um radical monoteísmo. Mas por causa da natureza relacional de Deus, emerge um monoteísmo de tipo trinitário.

5

A importância do batismo de Jesus: a consciência de ser Filho do Deus-*Abba*

Feitas estas observações necessárias, cabe agora perguntar como se deu o processo interior de Jesus de se sentir Filho bem-amado do Deus-*Abba*? Respondemos: Tal evento ocorreu por ocasião do batismo de Jesus por João Batista (Mc 1,9-11; Mt 3,13-17; Lc 3,21-22). Ouviu-se interiormente uma voz de estremecimento: "Tu és meu Filho muito amado em ti encontrei agrado" ou, segundo uma variante primitiva do confiável código D, "Eu te gerei".

As cristologias dominantes quase não abordam esta questão da subjetividade de

Jesus. Haveria o risco de uma psicologização da experiência de Jesus. Elas se atêm à historicidade, mesmo sabendo que a ideia de fazer uma história factual de Jesus foi abandonada, especialmente depois dos estudos de Reimarus, Straus e especialmente de Albert Schweitzer; eles mostraram a impossibilidade de se fazer uma história, objetivamente fundada, da vida de Jesus. Esta concepção foi radicalizada por Rudolf Bultmann, que em seu famoso livro *Jesus*, resultado de decênios de estudos críticos da "história das formas" (*Formgeschichte*) e da "história da redação" (*Redactiongeschichte*), levanta os dados mais seguros sobre o Jesus histórico sem incluir o evento da ressurreição. Para ele, a ressurreição nos coloca diante de um evento trans--histórico; não captável empiricamente, mas somente pela fé.

Por ser assim, a ressurreição escapa ao olho do pesquisador da historicidade de Jesus de Nazaré. **Se no túmulo de Jesus, a título de exemplo, fosse instalada uma câmera, ela não captaria a ressurreição, pois esta está situada em outro nível de**

realidade, não empiricamente captável por nossos órgãos ou aparelhos comuns; ela ocorre na dimensão do divino, que por sua natureza não é captável empiricamente. Nem por isso é inexistente. Ela ocorreu, é um evento, mas já num nível trans-empírico, só captável mediante a fé.

Não tememos a crítica de psicologização. Não é disto que se trata. Trata-se de algo que envolve, seguramente, a psiqué humana de Jesus, mas vai além. Atinge-o mais profundamente num nível da essência do ser (ontológico) que ultrapassa os limites meramente da psiqué. Jesus teve mais do que uma *vivência espiritual* que, como a palavra sugere, restringe-se ao âmbito do vivencial e sensível. A experiência é mais profunda; porquanto, é totalizadora de toda existência de Jesus. Por isso, seu caráter essencial (ontológico) envolve todo o seu ser: a psiqué, a consciência profunda, a vontade originária e a abertura total ao Infinito. Tal evento significa uma experiência que é mais do que a vivência.

Veremos mais adiante os passos percorridos pelo carpinteiro-artesão que, vindo da obscuridade da consciência, foi crescendo até a plena luz de uma autoconsciência clara, que o fez se sentir o amado do Pai-*Abba* e, disso, o Filho do "Paizinho querido".

Este dado é original de Jesus e cabe à teologia rastreá-lo, não por curiosidade, mas por uma razão devota que se dá conta de que estamos diante de um mistério que se dá a conhecer e que permanece mistério em todo o conhecimento. Devemos respeitar como a consciência de ser Filho bem-amado lentamente foi tomando forma, na fala, na interioridade do homem Jesus de Nazaré, até fazer a experiência fundante de se sentir Filho do Pai e começar a pregar e agir como Filho que anuncia e realiza o projeto deste Pai bondoso e amoroso: o seu Reino.

Estou convencido de que esta experiência originária e única aconteceu realmente. Conhecemos a circunstância: foi por ocasião do batismo por João Batista. Abstraindo as narrativas da infância de Jesus elaboradas pelos evangelistas Mateus e Lucas, tidas como construção tardia e carregadas de significação teológica, todos os evangelistas começam com o *batismo de Jesus por João Batista*.

Quando Jesus ouviu a fama do Batista, vinda do deserto, que ele se alimentava frugalmente, que batizava junto ao Rio Jordão e que era piedoso, uniu-se à multidão e também foi ver o que estava acontecendo. Multidões acorriam de toda a Palestina, pois o Batista pregava a iminente vinda do Reino (a nova ordem querida por Deus) e cobrava do povo penitência em vista desta irrupção prestes a acontecer. Provavelmente, como insinua Jo 3,32.36, Jesus teria ficado algum tempo junto a João Batista, pois três discípulos dele foram atraídos por Jesus e se fizeram seus discípulos: André, Simão e Filipe. Mas, não obstante algumas convergências (necessidade de conversão e espera do Reino), Jesus se diferencia do Batista: tem uma experiência original do Deus-*Abba*, não anuncia um Deus-juiz, mas um Deus-*Abba*, paizinho de imensa amorosidade.

De todos os modos, Jesus se une à multidão e se deixa batizar. Foi nesse exato momento que Jesus chegou à plena e lúcida consciência de ser Filho bem-amado do Pai. Uma torrente de amorosidade espiritual invadiu seu ser e transformou radicalmente sua vida. Agora estamos diante da raiz fundante de toda e qualquer reflexão teológica, baseada na interioridade de Jesus; portanto, em uma jesuologia, no Jesus histórico, que sente e vive ser Filho de Deus-Pai, bondoso e misericordioso.

6

A experiência originária: a amorosidade do Deus-*Abba*

Aprofundemos a natureza da experiência de Jesus por ocasião do batismo por João Batista. Antes de mais nada, constatamos que nas religiões os seres humanos buscam a Deus. Na Tradição de Jesus é Deus quem busca os seres humanos. Na primeira, o fazem pela oração oral, pela meditação silenciosa, pela observância dos preceitos religiosos e éticos, pela participação nas festas e nos ritos e pela memória das tradições. Quanto mais reta e fiel for a pessoa, mais meritoriamente chega a Deus.

Na Tradição de Jesus ocorre o contrário: é Deus quem busca o ser humano, especialmente aquele que se sente perdido, que não se orienta por princípios éticos e até, tendo fé, julga ter sido abandonado por Deus. Logicamente, nesta Tradição também se reza e se conservam as tradições religiosas, vivendo eticamente e frequentando os cultos e as festas. Englobando tudo: *observa-se a Lei*. Mas não é aqui que reside a novidade. Sem invalidar esses fatos religiosos, a singularidade trazida por Jesus é captada por um outro caminho: o de sua profunda *experiência espiritual* da amorosidade do Deus-*Abba*.

Num obscuro vilarejo, Nazaré, tão insignificante que nunca ocorre nas Escrituras do Antigo Testamento e um tanto desprezado ("por acaso, pode vir alguma coisa boa de Nazaré?" (Jo 7,41-42)) vive um homem desconhecido, cujo nome nunca constou na crônica profana ou religiosa da época; seja de Jerusalém, seja de Roma. Ele pertence ao grupo dos chamados "humildes da Terra", os invisíveis, mas cuja característica consiste em viver uma profunda fé no Deus dos pais Abraão, Isaac e Jacó, e com uma inabalável confiança em Deus de que Ele vai realizar o que os profetas anunciaram: a justiça para os pobres, a proteção das viúvas e a elevação dos humilhados e ofendidos. Esse homem é exatamente Jesus de Nazaré.

Como já assinalamos, profissionalmente é um artesão-carpinteiro e camponês, como seu pai José. Até a idade adulta viveu na família a "espiritualidade dos pobres de Javé". Era conhecido no vilarejo como "o filho de José, de quem conhecemos o pai e a mãe" (Jo 6,42), "o carpinteiro, filho de Maria" (Mt 5,3) ou "o filho de José" (Lc 4,22).

Mas Ele mostrava uma singularidade que deixava perplexos seus próprios pais. Não chamava Deus como se costumava, de Senhor, mas de uma forma bem própria: *Abba,* o diminutivo infantil: "meu querido paizinho". Isso ficou claro quando aos 12 anos participou, com os pais, da romaria anual a Jerusalém e por lá ficou perdido no templo. Encontrado, diante da angústia dos pais, disse: "Não sabíeis que eu devia ficar na casa do *meu Pai*? (Lc 2,49). Perplexos, seus pais não entenderam essa linguagem inaudita (Lc 2,50). Maria, no entanto, guardava-o em seu coração (Lc 2,51). E tudo morreu por aí. Não se sabe nada de sua vida oculta, familiar e profissional. Apenas o Evangelista Lucas observou tardiamente em seu evangelho, pelos anos 80 d.C.: "Jesus progredia em idade, em sabedoria e graça diante de Deus e dos homens" (Lc 2,52).

Os comentários exegéticos deram pouca importância ao batismo de Jesus por João Batista. Para nós, entretanto, consiste no evento decisivo que mudou o sentido de vida do carpinteiro-artesão de Nazaré.

O fato é que chegou o momento em que, junto com a multidão, e não sozinho, como mostram as gravuras, Jesus entrou na água. A um sinal do Batista, junto com todos os presentes, Ele mergulhou na água do Rio Jordão, e assim se fez batizar.

Mas eis que ocorreu nele algo singularíssimo. Depois de batizado, "enquanto rezava", Lc 3,21 diz que Ele sentiu um tremendo frêmito interior. Foi invadido por uma onda de amorosidade tão avassaladora que comoveu todo seu interior: "Tu es meu filho amado, em ti pus meu regozijo" (Mc 1,10-11;

Mt 3,13-17). Lucas é mais explícito e refere, numa versão do código D, possivelmente mais originária, o que Jesus ouviu interiormente: "Tu es meu Filho bem-amado, *eu te gerei*" (Lc 3,21-22).

A linguagem bíblica sinaliza a experiência interior usando expressões pictóricas e simbólicas: "o céu se abriu e se viu o Espírito descer sobre Ele em forma corpórea de pomba, e uma voz celeste". Como expressar adequadamente uma radical experiência interior?

Estas metáforas que os evangelistas usam representam uma encenação plástica para expressar algo originalíssimo e a radicalidade de uma singular experiência espiritual vivida por Jesus. As palavras são incapazes de expressá-la; melhor o fazem os símbolos que falam para o profundo do ser humano, como nos ensina a tradição psicanalítica.

A partir daí ocorreu a "conversão" de Jesus (PAGOLA, 2010, p. 99), uma verdadeira revolução em sua vida: sente-se Filho amado pelo Deus-Paizinho querido. É invadido por uma paixão de amor divino, por uma amorosidade paternal que transformou sua vida. Experimentou diretamente a amorosidade de Deus, uma presença tão forte que afetou todo o seu ser, toda a sua consciência e toda a sua existência. Ele se fez outro. Quem chama Deus de Pai logicamente sente-se seu Filho.

Observemos que não é mais Ele quem busca Deus quando piedosamente se dirige ao Rio Jordão, onde o Batista batizava. É Deus quem o buscou e o revelou como seu Filho bem-amado. Aqui reside a grande revolução operada por Deus-*Abba* em Jesus de Nazaré. A partir dessa experiência única Ele se desvincula da família e se entrega de corpo e alma ao anúncio de uma grande novidade: a amorosidade do Deus-*Abba* e a irrupção do Reino de Deus. Deixa Nazaré e vai morar em Cafarnaum, ao norte do Lago de Genesaré.

7

A grande transformação: a amorosidade incondicional do Deus-*Abba*

Como em todas as coisas, tudo conhece um processo. Com Jesus de Nazaré não foi diferente. Ele foi lentamente se dando conta da proximidade amorosa de Deus, até irromper a plena consciência ao se batizar no Rio Jordão com 30 ou 34 anos, segundo alguns.

Uma coisa é ser *objetivamente* o Filho bem-amado de Deus, que pode ser desde sua concepção, e outra é o dar-se conta, *subjetivamente*, deste evento que conhece seus tempos e momentos num *crescendo* lento e constante, acompanhando as várias etapas de sua vida. No batismo no Rio

Jordão ocorreu esse salto para a plena e clara consciência, exatamente por ocasião dessa visitação experiencial do Deus-*Abba*.

Aqui se encontra a grande singularidade relatada pelos evangelistas: testemunhar a *amorosidade de Deus*, do Deus que se faz mais próximo do que o próximo, do Deus que busca uma radical intimidade com o ser humano; no caso, com Jesus de Nazaré. Essa amorosidade é incondicional e universal: inclui todos os seres humanos, independentemente de sua condição moral e situação de vida, pois todos somos interdependentes e com laços da mesma humanidade. O Deus-*Abba*, ao se acercar tão intimamente de Jesus, acerca-se, no mesmo ato, de todos os seus irmãos e irmãs que com Ele compartem a mesma humanidade, a mesma vida com suas luzes e sombras. É isso que quer dizer o Concílio de Calcedônia (451) ao afirmar a plena humanidade de Jesus, igual à nossa.

Trata-se do transbordamento gratuito do amor de Deus-*Abba* em Jesus e para com os seus filhos e filhas humanos, irmãos e irmãs de Jesus, como jamais ocorrera na história. A partir de agora o Deus-*Abba* está em nosso meio. Dito numa linguagem teológica erudita: o Deus-*Abba* se autocomunicou totalmente e sem resto a Jesus de Nazaré. Ele, mediante seu Filho bem-amado, está em nosso meio. Jesus é o Deus presente em nossa carne frágil e mortal. Não sem razão o Evangelista São Mateus registrará mais tarde que seu nome é *Emanuel* (Mt 1,23), que significa "Deus conosco".

Com isso, inaugura-se um novo caminho, diverso daquele da observância da Lei e das distinções que se fazem entre bons e maus, justos e injustos. Estas coisas, não as desconhecemos, têm lá sua razão de ser na convivência humana. Mas não é por aí que Deus vê e julga os seres humanos.

Seu olhar e sua lógica são totalmente de outra natureza. Nele irrompe um amor divino incondicional, a começar por um daqueles que nunca costumavam falar, que não frequentaram alguma escola de teologia; no máximo, a escolinha bíblica junto à sinagoga. O Nazareno veio desse meio; não pertencia ao mundo dos letrados, dos juristas, da casta sacerdotal e com algum *status* social. É um anônimo, mais afeito ao trabalho das mãos do que ao uso da palavra.

De repente, tudo mudou: inundado pela proximidade amorosa de Deus, põe-se a pregar com tal entusiasmo e sabedoria, a ponto de os ouvintes comentarem: "De onde lhe vem tal sabedoria? Não é ele o filho do carpinteiro?" (Mc 6,23; Mt 13,54-55). Os seus ficam perplexos a ponto de "saírem para agarrá-lo, pois diziam: ele está louco" (Mc 3,21). Sim, está louco, tomado pela loucura divina da amorosidade incondicional e da proximidade amorosa de Deus para com todos os seres humanos, para além de qualquer condição social ou moral.

8

Como Jesus revela a amorosidade do Deus-*Abba* com gente mal-afamada

Seus privilegiados são os pobres, sempre desprezados; come com os pecadores; aproxima-se dos cobradores de impostos, odiados pelo povo, pois são aliados das forças da ocupação romana (Mc 2,16). Chamam-no até de comilão e beberrão (Mt 11,19), porque aceita o convite de comer na casa de pecadores (Lc 15,2; Mt 9,10-11). Rompe os tabus religiosos da época ao conversar com uma mulher samaritana, tida como herege (Jo 4,7s.), ao defender outra mulher pega em adultério e deixar que seus pés sejam ungidos com raro perfume e beijados por Maria Madalena, enxugando com seus cabelos, as copiosas lágrimas. Produziu-se um escândalo, pois era considerada de má fama (Lc 7,37). Para Jesus, nada disso conta. Ela era digna de experimentar a amorosidade do Deus-*Abba*.

Por que Jesus assume tais atitudes consideradas escandalosas? Porque quer levar a todos, especialmente a estes socialmente desqualificados, aos hansenianos, aos paralíticos, aos cegos, mas também aos pecadores públicos, aos escribas, aos fervorosos fariseus, às mulheres e até aos colaboradores dos romanos, aos cobradores de impostos, aos desesperados que gritam por cura, aos hereges (samaritanos) e aos estrangeiros (a mulher sírio-fenícia, um oficial romano), a novidade de que Deus se aproximou de todos eles com incondicional amorosidade.

Jesus, tomado totalmente por essa amorosidade do Deus-*Abba*, vai a seus irmãos e irmãs e lhes mostra por suas atitudes essa novidade da proximidade amorosa e incondicional de Deus. Ele se fez para todos também o "paizinho amoroso". O decisivo não é a Lei e as tradições cuidadosamente observadas, mas aceitar aquilo que Deus-*Abba* disse a Jesus e que agora o repete para eles, pouco importa o que fazem na vida. Apenas lhes diz: "vós sois meus filhos e filhas bem-amados, em vós encontro meu regozijo". Isso soa primeiramente como um espanto, depois como uma inaudita alegria e um sentimento de libertação.

A primeira palavra de Jesus é: "o tempo da espera expirou. A nova ordem querida por Deus (o Reino) já foi aproximada. Mudem de vida e ponham fé nisso, pois é uma boa notícia" (cf. Mc 1,15). A multidão se extasia e muitos seguem Jesus.

Mas este é um lado da realidade. Ela implica também o outro lado: esta surpreendente proposta precisava e precisa de uma resposta. Exige mudar a mente e o coração. É o que significa a *metanoia*. Ela aconteceu? Eis a questão decisiva. Uma *pro-posta* demanda uma *res-posta* com *res-ponsa-bilidade*. Mas isso infelizmente não ocorreu.

O Reino, contrariamente à expectativa dos judeus, não era o restabelecimento da antiga ordem, a libertação política contra a dominação romana, que tanto os envergonhava. Reino de Deus, para Jesus, é outra coisa: consiste numa nova relação de amorosidade entre as pessoas, homens e mulheres, mesmo as de má fama, estrangeiras e hereges, incluindo todas, até as ingratas e más (Lc 6,35). O que prevalece agora é essa amorosidade, fazendo-se mais próxima dos próximos, feita de acolhida e de misericórdia ilimitada.

9

Não há uma condenação
eterna, só temporal

Se a amorosidade é tão radical, não pode haver exclusão de ninguém nem uma condenação para sempre. **A condenação é uma criação da sociedade, que decide quem está dentro e quem está fora do estatuto legal que comunitariamente ela definiu.** Para o Deus-*Abba* não existe um fora. Todos são incluídos, pois todos são seus filhos e filhas, antes de qualquer outra determinação posterior.

Bem no espírito do Jesus histórico, o Evangelista João faz Jesus dizer: "se alguém vem a mim, eu não o mandarei embora" (Jo 6,17). Deus não conhece uma condenação eterna, pois sua misericórdia é sem limites. Se houvesse alguma condenação eterna,

Deus teria perdido. Ele não pode nunca perder "aquilo que Ele criou com amor, pois não odeia nenhum ser que pôs na existência, senão não o teria criado, porque é o apaixonado amante da vida" (cf. Sb 11,24-26). Deixa as 99 ovelhas resguardadas no redil e vai em busca da tresmalhada, até encontrá-la.

Bem disse o Papa Francisco, falando aos novos cardeais africanos:

> não façam, como se fez historicamente, uma evangelização do medo e do pavor do inferno. Jesus, verdadeiro Deus e verdadeiro homem, venceu a morte, ressuscitou e quer renascer no coração de todos: ninguém, por mais que esteja ferido pelo mal, está condenado sobre esta terra a *ficar para sempre separado de Deus*.

Na *Misericordiae Vultus* (n. 2) o papa afirma peremptoriamente: "A misericórdia sempre será maior do que qualquer pecado, e ninguém poderá pôr limites ao amor do Deus que perdoa".

Atesta-o o Sl 103, um dos mais esperançadores textos bíblicos: "Deus não está sempre acusando. Como um pai sente compaixão pelos filhos e filhas, assim Ele se compadece [...] porque conhece nossa natureza e se lembra de que somos pó; sua misericórdia é de sempre e para sempre" (Sl 103,6.17).

Essa mensagem inovadora de Jesus – a amorosidade incondicional e a misericórdia ilimitada do Deus-*Abba* – foi e é tão irrevolucionária que não chegou a lançar raízes a ponto de ser vivida por todos. Ela continua não sendo acolhida por boa parte dos seres humanos e até dos batizados. Assim ocorreu no tempo de Jesus, quando Ele perambulava pelas pedregosas estradas da Palestina. Não se deve esquecer que foram principalmente os religiosos, articulados com os políticos, que o condenaram e o levaram à cruz. E até hoje essa mensagem do Jesus histórico continua sendo um apelo dirigido a todos.

A grande tragédia vivida por Jesus foi o fato de que essa amorosidade do Deus-*Abba* misericordioso não foi abraçada: "veio para o que era seu, e os seus não o receberam" (Jo 1,11). Por isso o crucificaram, porque não houve correspondência. Essa recusa se prolongou pelos séculos até os dias de hoje, talvez com mais ferocidade ainda, pois o ódio e a discriminação campeiam pelo vasto mundo agora unificado. É provável que assim será, lamentavelmente, até o fim dos tempos.

Não importa. Embora se sentisse o Filho do Deus-*Abba*, "não fez caso dessa sua situação divina; por solidariedade apresentou-se como *simples homem*, na condição de servo, aceitando o mais vergonhoso castigo: morrer na cruz, que significava morrer na maldição divina" (cf. Fl 2,6-8).

10

A grande recusa da amorosidade incondicional do Deus-*Abba*

Por causa da amorosidade que lhe ardia interiormente, Jesus assumiu sobre si, de maneira solidária, esse tipo de morte amaldiçoada, a cruz e todas as dores do mundo. Todo tipo de maledicência contra Ele, a traição de dois apóstolos, Judas e Pedro, aqueles que pelos séculos afora já não creem ou se sentem abandonados por Deus. Assume sobre si as dúvidas e as tribulações de todos esses. Ele chegou a receber séria ameaça de morte, que depois se efetivou.

Como tantos no mundo, Jesus também "passou pelas mesmas provações que passamos [...]; dirigiu preces e súplicas entre clamores e lágrimas àquele que o podia salvar da morte, e *não* foi atendido (numa versão mais original e antiga, diversa da atual, do código D), embora fosse seu Filho"; mesmo "sendo Filho de Deus, aprendeu a obedecer por meio do sofrimento", dirá um discípulo anônimo de São Paulo, autor da Epístola aos Hebreus, por volta dos anos 90 d.C. (cf. Hb 4,15; 5,7-8). Mais ainda, foi tomado de angústia e de pavor, a ponto de "o suor se tornar grossas gotas de sangue" (Lc 22,41) no Getsêmani, no Jardim das Oliveiras, na iminência de ser preso, torturado e condenado.

Na cruz, quase no limite do desespero do qual muitos também são tomados, Ele, em comunhão com todos esses, quis sentir também a total ausência de Deus e gritou: "Meu Deus, por que me abandonaste?" (Mc 15,34). A amorosidade de Deus estava em Jesus, mas recolhida, para que Ele pudesse participar do inferno humano da "morte de Deus", sofrida por não poucas pessoas. Todos elas jamais estarão sozinhas.

O credo cristão reza que "Ele desceu aos infernos"; isto significa que Ele se sentiu absolutamente só, sem que ninguém o pudesse acompanhar. Mas o Deus-*Abba* estava também lá porque a ausência é também uma forma de presença. A partir desse momento ninguém estará sozinho no inferno da extrema solidão humana. Jesus, com sua amorosidade e solidariedade, esteve e estará com todos eles para sempre.

A ressurreição de Jesus representa uma verdadeira *insurreição* contra a religião da Lei e da justiça do tempo. Comparece como um clarão que vai mostrar, em total plenitude, a amorosidade de Deus, que nunca falhou. Ela estava totalmente lá, em Jesus sofrendo com os que sofrem e agora ressuscitando com todos aqueles que irão ressuscitar, participando de sua ressurreição (cf. Rm 8,29). Na compreensão bíblica, a ressurreição do Messias nunca é somente pessoal. Ela inclui toda a comunidade humana e cósmica.

Se é assim, significa que a ressurreição está ainda em processo. Jesus não acabou de ressuscitar; Ele está a caminho da Galileia, como diz Mc 16,7, para lá se mostrar (16,7). Ele encontrará a plenitude de sua ressurreição quando a inteira humanidade e o cosmos chegarem também à sua plenitude; isto é, forem transfigurados e ressuscitados. Vale dizer: realizarem plenamente todas as potencialidades escondidas neles.

Os negadores e os ateus têm a liberdade de serem o que são, de não acolherem ou sequer saberem dessa amorosidade de Deus. Mas isso não muda em nada para o Deus-*Abba*, que nunca os abandona porque nunca deixam de serem também seus filhos e filhas, sobre os quais repete: "Vocês são meus filhos e filhas bem-amados, em vocês tenho minha alegria".

Mas cabe ponderar: se não puderem enxergar uma estrela no céu, a culpa não é da estrela, mas de seus olhos. A amorosidade ilimitada e a misericórdia sem fronteiras também os alcançam. Eles são abraçados por Deus-*Abba,* embora se recusam a abraçá-lo. Mesmo não vista, a estrela continuará brilhando. Podem até dizer como Jean-Paul Sartre: "continuo ateu, mas tenho, no entanto, uma *esperança esperante* de que Deus exista, senão a vida não teria sentido algum".

O verdadeiro e real cristianismo é viver essa experiência aberta por Jesus. Ela funda a Tradição de Jesus ou o Caminho de Jesus. A maioria das Igrejas cristãs, não excluída a romano-católica, organiza-se ao redor do *poder sagrado*, que cria desigualdades, hierarquias e divisões, como entre clérigos e leigos, expressa claramente num grosso livro doutrinário chamado *Catecismo da Igreja Católica*. Isso faz do fiel como que um refém, que se sente atado a certa ordem dogmática e moral, a uma vida piedosa, à recepção dos sacramentos, à participação nas festas litúrgicas. Tudo isso não é sem importância, mas ainda não é o seguimento de Jesus e a experiência/vivência da novidade que Ele trouxe à humanidade. Alguém pode ser um piedoso católico, mas isso não significa que é um verdadeiro cristão que se sente penetrado pela amorosidade e pela misericórdia de Deus, no seguimento de Jesus.

Para as outras Igrejas cristãs e também para as religiões continua o desafio lançado por Jesus de Nazaré, agora transformado num patrimônio religioso e ético da humanidade: o de viver a amorosidade incondicional e o de ensaiar "amar à moda de Deus e à moda de Jesus", privilegiando aqueles que Ele privilegiou, os últimos, os que não são nem contam.

Onde impera o poder, pouco importa se é secular ou religioso, não viceja o amor, não floresce a ternura e se ofusca a amorosidade do Deus-*Abba* e de sua misericórdia ilimitada.

Não há como negar que, historicamente, uma parte da Igreja romano-católica estava e continua a estar mais perto dos palácios do que da gruta de Belém; proclama Cristo rei do universo e esquece que é um rei com coroa de espinhos e uma veste de irrisão.

11

A inversão: a conversão do pai do filho pródigo

Como tudo seria diferente neste mundo se esta inaudita revolução tivesse prosperado nele. Não haveria o que estamos assistindo na nova fase da humanidade, morando na mesma Casa Comum: a prevalência do ódio, da discriminação, da violência contra os que não podem se defender, contra as mulheres, os homoafetivos ou de outra condição sexual, e especialmente hoje contra a natureza, que nos garante as bases que sustentam a vida.

Por esta razão, Jesus, mesmo ressuscitado, continua se deixando crucificar com todos os crucificados da história sob as mais diversas modalidades. Sua ressurreição não se completou ainda, pois seus irmãos e irmãs e o inteiro universo do qual são parte ainda não alcançaram o ponto da ressurreição completamente realizada.

A Parábola do Filho Pródigo revela como é a Tradição de Jesus. O fato novo e surpreendente não é *a conversão do filho* que volta, arrependido, para a casa do pai. Mas a *conversão do pai* que, cheio de misericórdia e de amorosidade, abraça, beija e organiza uma festa para o filho esbanjador da herança. O único criticado é o filho bom, seguidor da Lei. Tudo nele era perfeito. Para Jesus, não bastava ser bom. Faltava-lhe o principal: o sentimento de misericórdia e da amorosidade do Deus-*Abba* para com seu irmão perdido pelo mundo.

12

Jesus e as tentações no deserto: os três projetos de poder

Sempre que alguém é tomado por uma experiência arrebatadora, sente a necessidade de se retirar para meditar, aprofundar tal experiência e se dar conta de seu significado profundo. Assim ocorreu com Jesus e posteriormente com Paulo de Tarso. Este teve a experiência do Ressuscitado (At 9,3-6), conheceu uma profunda transformação e foi para a Arábia a fim de interiorizá-la; só depois voltou para Damasco, e três anos depois foi a Jerusalém para encontrar os pais da fé (cf. Gl 1,16-18). Com Jesus ocorreu algo semelhante. Logo após a íntima e fortíssima experiência de amorosidade e de se sentir Filho bem-amado do Deus-*Abba*, foi ao deserto, ficando lá por quarenta dias e quarenta noites (Mc 1,12; Mt 4,1 par.).

No deserto, Jesus foi confrontado com três tipos de poder: *o profético, o político e o religioso*, chamados pelos evangelhos sinóticos de "a tentação de Jesus" articulada pelo diabo (cf. Mt 4,1-11 par.).

A hermenêutica bíblica entende que as tentações de Jesus ocorreram em seu interior. Em sua mente surge a figura do "tentador", como o qualifica Mt 4,3. Não devemos materializá-lo como um ente exterior. Assim como a experiência da amorosidade divina se deu na interioridade mais profunda de Jesus, expressa plástica e metaforicamente sob a forma de uma pomba, do céu aberto e de uma voz, de modo semelhante ocorreu com as tentações. Estas são projetos que circularam na mente de Jesus, verdadeiras tentações suscitadas pelo "tentador", satanás, face às quais Ele devia tomar uma posição.

Jesus rejeita as três formas de poder, pois entende sua missão à luz do Servo Sofredor de Isaías, "como aquele que carregou as nossas enfermidades, to-

mou sobre si as nossas dores [...] e que o Senhor fez cair sobre Ele a iniquidade de todos nós [...] mas Ele verá a luz e meu servo justo justificará a todos" (Is 53,4.6.11). Portanto, o caminho do Filho bem-amado do Deus-*Abba* não será pela pompa e glória com a qual todo o poder se reveste, mas pelo caminho da renúncia de todo poder e da humildade que se transforma em humilhação, assumida em solidariedade com todos os humilhados e ofendidos da história.

Como muitos exegetas sustentam, Jesus, muito provavelmente, descobriu a sua verdadeira vocação à luz dos textos de Is 52–53, nos quais se descreve o destino redentor do Servo Sofredor.

Retornando às tentações: sabemos que o poder representa um arquétipo poderosíssimo, presente em todos os seres humanos. Testemuha-o Thomas Hobbes em seu famoso *Leviatã*:

> Assinalo, como tendência geral de todos os homens, um perpétuo e irrequieto desejo de poder e de mais poder, que cessa apenas com a morte. A razão

disso não reside num prazer mais intenso que se espera, mas no fato de que não se pode garantir o poder senão buscando mais poder ainda (cap. X).

O poder confere ao ser humano a sensação de ser um pequeno deus que pode decidir sobre sua vida e sobre a vida dos outros. Pode ganhar a forma de poder tirânico, poder compartido e poder-serviço. Se não for colocado sob vigilância, o poder, por sua lógica interna, quer sempre mais poder, associa-se a outros poderes para ser mais forte, pois não se permite ser fraco, para não ser absorvido por um poder mais forte. O uso do poder se constitui um grande desafio e uma verdadeira tentação para o ser humano: Será um poder para dominar? Será um poder para reforçar o poder dos outros? Será um poder que serve ao bem comum? Só exerce bem o poder quem sabe exercê-lo e, ao mesmo tempo, mantém distância dele, evitando toda a prepotência e arrogância.

A primeira tentação é aquela do *poder profético*: transformar pedras em pão (Mt 1,3-4). Pelo pão se garante a vida e a sobrevivência. Um portador de poder pode dar como esmola o pão e manter submissas as massas humanas esfomeadas. O populismo político usa esta estratégia: ao invés de criar as condições de os famintos buscarem formas de ganharem o seu pão pelo trabalho, preferem mantê-los na fome para fazê-los dependentes, e assim dominá-los por meio da esmola do pão cotidiano. Jesus afasta esta forma de poder citando Dt 8,3: "Não só de pão vive o homem, mas de toda palavra que sai da boca de Deus" (Mt 4,4).

A segunda tentação é a do *poder político*, talvez a mais sedutora. É o poder exercido por reis, ditadores, presidentes, potentados, donos de terras e de fortunas, que ocupam altos postos de poder e os utilizam para manter os outros dependentes e até dominados. A tentação de Jesus é plasticamente bem-configurada a partir de "um monte muito alto, de onde se veem todos os reinos do mundo com sua glória" (Mt 4,8). Tudo pode ser de Jesus, à condição de render-se ao tentador e "cair por terra e adorá-lo" (Mt 4,8-10). Vale dizer, o poder se arroga um caráter absoluto, somente possível a Deus. Esta é a tentação originária já descrita nas primeiras páginas da Bíblia: "sereis como deuses" (Gn 3,5). Jesus novamente rejeita esse tipo de poder-dominação: "afasta-te satanás, pois está escrito" (Dt 6,13): "ao Senhor teu Deus adorarás e só a Ele servirás" (Mt 4,10). Seu caminho a percorrer não é de pompa e de glória, dominando todos os territórios e as pessoas, mas de apresentar-lhes a amorosidade do Deus-*Abba*, aceita na liberdade. Seu caminho é o da humildade e do serviço a toda humana criatura, especialmente aos mais desamparados, seus irmãos e irmãs menores (cf. Mt 25,40).

Por fim, é tentado por outro tipo de poder, também fascinante, o *poder religioso*. Este é muito importante e eficaz. A religião trabalha com o sentido último, venera Deus e funda os valores éticos. Não obstante, o processo de secularização, é preciso reconhecer que a maioria da humanidade se rege por preceitos religiosos. O que em última análise conta mais do que a ideologia e os interesses econômicos são as convicções de fé, as tradições, a família e a identidade de um povo. Por estas motivações é que as pessoas se empenham e combatem, e até estão dispostas a dar a sua vida, como pode ser constatado nas várias formas de fundamentalismo político--religioso. O poder religioso é construído à base desses dados fundamentais. Ele influencia as multidões por seus valores sagrados, pela ética e também por suas tradições, seus ritos e suas celebrações. Ele é um dos maiores fatores da identidade de um povo. O poder sagrado pode introduzir reformas no âmbito da própria religião e também na sociedade. Não raro, o poder religioso se associa ao poder político, legitimando-o, bem como ao poder popular, validando os reclamos dos pobres e dos oprimidos que gritam por vida e por justiça. De todos os modos, o poder religioso é um poder sempre cobiçado por outros poderes devido ao seu caráter legitimador a partir da última instância ou de Deus. Jesus é tentado por este poder ao ser levado ao pináculo do Templo. O tentador joga a última cartada e desafia-o, enquanto Filho de Deus, a fazer um milagre. Ao lançar-se de lá para baixo "os anjos o carregariam, a fim de não machucar os pés em alguma pedra"

(Mt 4,6). Jesus repele decididamente esta tentação com o texto de Dt 6,16: "Não tentarás o Senhor teu Deus" (Mt 4,7). Portanto, Jesus não se imagina um sumo sacerdote que preside uma religião e conduz religiosa e eticamente todo um povo. Não quer apresentar uma reforma da religião da Lei e da Torá. Nem propugna por uma revolução política que iria restaurar o trono de Davi. Nem iria transformar milagrosamente pedras em pão para saciar a famintos. Sua vocação é outra, a de testemunhar a amorosidade divina incondicional que se mostra no campo religioso, mas também no campo profano pela via do Servo Sofredor que se entrega aos demais.

Cabe enfatizar: Jesus não veio para criar uma nova religião, pois havia muitas no Império Romano, e todas eram toleradas e presentes no Panteão em Roma. Ele veio *para nos ensinar a viver* os valores do Reino, que são o amor incondicional, a solidariedade sem fronteiras, a compaixão e a capacidade de perdoar sem pré-condições. Ele quis o homem novo e a mulher nova. Eis a grande revolução político-religiosa não violenta intencionada por Jesus.

Os evangelhos sinóticos colocam as tentações logo no início, antes mesmo de Jesus começar sua missão. Querem deixar claro que sua mensagem, também de poder, não se confunde com os poderes estabelecidos e esperados pelo povo, mas representa um poder de outra natureza, o da amorosidade sem limites e universal.

Curiosamente Jesus, depois de vencer as tentações, a convite dos antigos discípulos do Batista, Simão e André, muda de lugar. Deixa Nazaré, na encosta de uma montanha, pequeníssima vila com 200-400 moradores, onde viveu 90% de sua vida, e passa a viver com estes dois discípulos em Cafarnaum, uma vila de pescadores com cerca de mil habitantes, às margens do Lago de Genesaré. A partir daí percorre as cidades vizinhas como Betsaida, Corazim e Magdala, anunciando sua mensagem.

13

A espiritualidade do Jesus histórico: suas três paixões

Quem se sente Filho bem-amado e tendo experimentado a infinita amorosidade do Deus-*Abba* testemunha uma profunda espiritualidade.

Por espiritualidade entendemos a experiência concreta de ser Filho bem-amado. Essa experiência ocorre quando se passa da mente ao coração, sede da razão cordial ou sensível. É o coração que sente, não a mente. Para Jesus, o Filho não é um conceito da mente, mas uma experiência do coração, espiritual e emocional, tão profunda que toma todo o seu ser. Não é pensar-se como o Filho do Deus-*Abba*, mas senti-lo plenamente a partir do coração, e só então pensá-lo. Irrompe uma experiência absolutamente original que causou perplexidade aos judeus, professantes de um monoteísmo estrito. Jesus vai além desse monoteísmo e nos revela um Deus-amor incondicional, um Deus-comunhão ilimitada que se historiza concretamente nele, o Filho bem-amado.

Uma das razões de sua condenação à morte reside exatamente no fato de atuar em nome do Deus-*Abba* e dar a entender que é seu Filho. O sumo sacerdote Caifás "esconjura-o pelo Deus vivo que diga se é o Filho de Deus". Jesus apenas responde: "Tu o disseste". Caifás "rasgou as vestes dizendo: blasfemou" (Mt 26,63-65). Todos os presentes gritaram: "é réu de morte" (Mt 26,68). São João é ainda mais explícito ao pôr na boca dos que queriam apedrejá-lo: "apedrejamos-te pela blasfêmia, pois, sendo homem *te fazes Deus*" (Jo 10,33). Efetivamente, o condenaram ao pior castigo, à morte de cruz, fora dos muros da cidade, por causa dessa reivindicação.

Três paixões estruturam a experiência espiritual de Jesus:

A primeira, tão bem explorada meditativamente pelo Evangelista São João, é o sentir-se efetivamente *Filho de Deus* e agir representando Deus-*Abba*. A intimidade é tão profunda que Ele pôde dizer: "Quem viu a mim, viu o Pai [...] estou no Pai e o Pai está em mim. Eu e o Pai somos um" (Jo 14,9.11.20). Os evangelhos notaram que Ele muitas vezes se retirava a sós e passava a noite em oração (cf. Mt 14,23 par.). Podemos imaginar a profunda comunhão com o Paizinho querido e o diálogo paterno e filial que então se estabelecia. Dessa intimidade nascia a força para enfrentar o poder do antirreino, as difamações, as calúnias e as ameaças de morte e mesmo o tormento da cruz. Como Jesus é portador da mesma humanidade que nós, sua experiência de Filho querido abriu uma porta para todos os humanos poderem ouvir a mesma coisa que o Deus-*Abba* disse sobre Jesus por ocasião de seu batismo: "Tu és meu filho, minha filha bem-amada, em ti coloco meu regozijo". Como seria diferente a história humana se esta suprema dignidade de ser filho e filha de Deus entrasse na consciência coletiva e impregnasse as relações humanas. Mahatma Gandhi viveu essa experiência personalíssima. Ao ver alguém batendo violentamente num pária, interveio dizendo: "Não podes fazer isto a um filho de Deus". Ser filho e filha de Deus fundamenta, em última instância, a sacralidade de todo o ser humano e de seus direitos invioláveis.

A segunda paixão, com uma conotação política e holística, é a do *Reino de Deus*. Jesus não anuncia a si mesmo, nem a Igreja, nem as grandes tradições do passado. Anuncia o Reino de Deus, Reino que já foi aproximado e que está no meio de nós (Mc 1,14; Lc 17,21). Reino significa o projeto do Deus-*Abba* que atua no universo, na sociedade, na comunidade, na vida pessoal, sanando o que está enfermo, libertando o que está oprimido, pondo fim ao império do mal e realizando plenamente todas as virtualidades latentes; seja no cosmos, seja nos seres humanos. Reino representa uma revolução absoluta, a utopia finalmente alcançada: do homem novo e da mulher nova, do novo céu e da nova terra. Essa promessa e esperança constituem o conteúdo de sua pregação em todos os cantos da Palestina; era uma alvissareira notícia. Por isso, suscitou alegria e entusiasmo nas multidões que o escutavam. Os apóstolos, especialmente São Paulo, ao frequentarem a sinagoga, primeiramente anunciavam o Reino de Deus e somente a seguir o Jesus ressuscitado. Entretanto, o Reino se confrontou com o antirreino; vale dizer, com a presença da maldade humana, como o ódio, como o desprezo, como a morte provocada pelo genocídio de povos inteiros, como ocorreu ao longo da história. Em razão disso, Jesus, ao anunciar a chegada do Reino, pede a conversão, a renúncia ao reino do mal. Conversão significa mudar a mente e o coração. Em sua saga terrestre tem-se a impressão de que o antirreino triunfou sobre o Reino de Deus, pois Jesus acabou sendo crucificado fora da cidade. Mas eis que sobreveio a ressurreição, como vitória do Reino contra o antirreino, da vida plenificada sobre a morte injustamente imposta. Por esta razão, já os antigos Padres da Igreja interpretaram a ressurreição como "a realização do Reino de Deus na pessoa de Jesus". O ressuscitado é a *auto-*

basileia tou Christou, na expressão de um dos maiores teólogos da história cristã, Orígenes de Alexandria: a autorrealização do Reino na pessoa de Jesus ressuscitado. Agora o fim bom da criação se antecipou. Triunfou definitivamente o projeto de Deus sobre sua criação: o Reino veio em toda a sua plenitude. Mais importante do que a Igreja é o Reino de Deus, que se realiza em todos os tempos e espaços. A Igreja é o seu sacramento; vale dizer, seu sinal e instrumento. Nada mais do que isso. O Reino a desborda porque ele está em processo de realização dentro da história, e não paralelamente a ela ou numa parte dela, como nas Igrejas ou apenas naqueles que professam a fé cristã. Lá onde se vive o amor se faz a justiça necessária, concretiza-se a solidariedade, alimenta-se a compaixão e preocupa-se com o cuidado dos outros e de todo o criado, lá se fazem presentes os bens do Reino, lá se realiza histórica e processualmente o Reino de Deus até chegar a sua plenitude, quando acontecer a completa transfiguração de todas as coisas, já simbolizadas no corpo ressuscitado de Jesus. Viver no seguimento de Jesus significa se sentir um operador e uma operadora do Reino em face do antirreino, até a sua completa instauração. Esta é a fonte originária de toda a espiritualidade cristã, no estilo de Jesus. Ela ganha corpo através de movimentos dos seguidores de Jesus e das Igrejas cristãs. Também em todos os que vivem os bens do Reino, como a amorosidade, a compaixão e a solidariedade. São canais, e não a água cristalina da fonte. Não há de se identificar o canal com a fonte. Por isso, importa sempre distinguir, sem separar, de um lado a religião, as Igrejas e os movimentos cristãos e de pessoas que vivem os bens do Reino, e do outro, a espiritualidade. Esta é mais fundamental, anterior à sua canalização; porquanto, comparece como fonte alimentadora das várias expressões históricas da herança de Jesus. Estas vêm depois; antes, na sua base, vigora a espiritualidade.

A terceira paixão que caracteriza a espiritualidade de Jesus é a sua amorosidade para com os *pobres e invisíveis*. Proclama: "felizes os pobres porque vosso é o Reino de Deus" (Lc 6,20; Mt 5,3). Eles são os primeiros, não porque são bons e possuem mais virtudes, mas porque, sendo pobres, têm menos vida. E o Deus-*Abba* é um Deus vivo que, por sua natureza, sente-se atraído pelos oprimidos e condenados a perder a vida antes do tempo. Assim, todos os evangelhos testemunham – e isso constitui um núcleo histórico assegurado – a compaixão de Jesus pelos sofredores, doentes, cegos, rejeitados pela sociedade, como os pagãos e os hereges samaritanos. Nunca atacou as mulheres no contexto cultural machista da época, mas sempre as defendeu, mesmo sendo uma herege, uma adúltera ou uma pecadora pública como Maria de Magdala. Por causa dessa sua predileção, foi injuriado e até ameaçado de morte, a ponto de ter que se esconder numa cidade-refúgio, como era Efraim, próxima ao deserto na qual morava, por um tempo, com os discípulos (Jo 11,54). Um refugiado nessa cidade não podia ser preso ou entregue às autoridades judiciais. Portanto, Jesus não foi ingenuamente ao encontro da morte. Amou a vida e a dos apóstolos, e procurou salvaguardá-la. O Reino começa com os últimos, como aparece claramente ao anunciar seu projeto libertador na sinagoga de Nazaré: "fui consagrado para evangelizar os pobres, para anunciar aos presos a libertação, aos cegos a recuperação da vista e para libertar os oprimidos" (Lc 4,18-19). A amorosidade se estende incondicionalmente a todos, mas ela ganha densidade especial naqueles colocados à margem e feitos invisíveis. Amar ao próximo como a si mesmo, para Jesus não significa "amar aqueles a quem nos amam" (Lc 6, 32), mas amar aqueles que ninguém ama nem vê, até "os ingratos e maus" (Lc 5,36).

Esta espiritualidade, cheia de enternecimento e paixão, está na base espiritual da Tradição de Jesus, nos fundamentos das Igrejas que levam avante sua memória e o seu seguimento, tão bem-refletida em todos os escritos que compõem o Novo Testamento, especialmente nas cartas de São Paulo.

14

O futuro da radical amorosidade do Deus-*Abba* e de Jesus

Experimentamos de tudo na já longa história humana, mas ainda não experimentamos *coletivamente* amar ao modo de Jesus e do Deus-*Abba*, na forma da proximidade amorosa. Sempre houve amor entre duas pessoas ou mais. Mas jamais tentamos construir uma sociedade cuja centralidade fosse a amorosidade incondicional que a todos incluísse, até os mais desconhecidos e feitos invisíveis. O que prevalece é, em termos gerais, uma sociedade insensível e por vezes cruel e sem piedade, que torna difícil a amorosidade e o cuidado de uns para com os outros, a natureza incluída.

No entanto, muitos homens e mulheres entenderam e viveram a amorosidade do Deus-*Abba* no modo de Jesus. Estes são os verdadeiros portadores do legado de Jesus, as testemunhas da proximidade amorosa de Deus, especialmente aqueles referidos pelo Evangelho de São Mateus: "eu era forasteiro e me hospedaste, estava nu e me vestiste, estava com fome e me deste de comer, estava na cadeia e me visitaste" (Mt 25,34-30). Diz a todos estes: "Todas as vezes que fizestes a um destes meus irmãozinhos e irmãzinhas, foi a mim que o fizestes" (Mt 25,40). Nisso se revela a experiência originária de Jesus, que se sentia tão unido ao Deus-*Abba* a ponto de se considerar um só com o Paizinho querido (cf. Jo 10,30; 14,9).

Chegaremos um dia a ver acolhida a proximidade amorosa de Deus, indistintamente da situação moral, política e ideológica das pessoas? Ganhará centralidade esta verdadeira revolução transformadora do mundo? Este é o grande desafio de toda evangelização: levar a todo mundo e a todas as pessoas a consciência de que são amadas por Deus-*Abba* e que devem viver essa amorosidade com todos e todas; vale dizer, levar-lhes esta boa notícia.

Não se chega ao Reino do Deus-*Abba* de qualquer maneira. Seguramente, os que foram criminosos, violadores da sacralidade humana, os assim considerados "pecadores" passarão pela clínica de Deus para se curarem dos ódios e aprenderem a amar e a adorar o Deus-*Abba*, que os quer junto de si. Passarão antes por um processo de purificação, aprendendo a amar para poderem conviver no céu com aqueles aos quais lhes fizeram mal, torturaram e assassinaram. Eles não estão fora do arco-íris da amorosidade incondicional, da misericórdia e da graça bem-aventurada do Deus-*Abba* e de seu Filho bem-amado Jesus.

15

O surgimento de uma cristologia aberta para o futuro

A amorosidade divina vivida, testemunhada por Jesus e ratificada pelo evento ressurreição provou um tremendo choque espiritual nos apóstolos e nos seus seguidores até o dia de hoje. Começaram a raciocinar e procurar entender, à luz do Antigo Testamento, a saga de Jesus, o porquê de sua morte e principalmente o surpreendente evento da ressurreição. Iniciaram esse trabalho na celebração de sua presença de ressuscitado, nos pequenos hinos, nas liturgias, nos ritos e pela recordação de sua vida, de sua gesta libertadora, de sua mensagem central resumida na oração do Pai-nosso. Em seguida começaram a elaborar os núcleos doutrinários e centrais de sua mensagem, e assim surgiram os escritos, os quatro evangelhos. Por detrás deles estão comunidades que não só rezaram, mas também refletiram sobre a história e o destino de Jesus. Projetaram "o caminho de Jesus" (cf. At 19,9; 23; 24,14). Propuseram-se a seguir Jesus e manter como herança sagrada a amorosidade salvadora incondicional e universal. Ficaram indelevelmente tocados por sua profunda humanidade.

A comunidade primitiva, no esforço de entender o que ocorreu com Jesus, começou a conferir-lhe títulos de honra e excelência, como Mestre, Profeta, Justo, Bom, Santo, até os mais sublimes como Filho do Homem, Filho de Deus e, por fim, Deus mesmo. O título Cristo é empregado 500 vezes; Senhor, 350 vezes; Filho do Homem, 80 vezes; Filho de Deus, 75 vezes; Filho de Davi, 20 vezes; Deus, 3 vezes.

No período de 30-40 anos após sua crucificação e ressurreição, Jesus atraiu para si os títulos mais nobres, humanos e divinos que existiam no Império Romano. Cada grupo cultural – palestinense, judeu-cristão na diáspora, cristãos helenistas – contribuiu no processo de decifração de quem era, finalmente, Jesus.

Assim, para a *comunidade palestinense* Ele emerge como o Messias-Cristo, o Filho do Homem e o Filho de Deus. Para *os judeus--cristãos da diáspora*, Jesus é o novo Adão, o Senhor e o Sumo Sacerdote. Para a *comunidade cristã helenista* Ele é professado como o Salvador, Cabeça do cosmos, Filho unigênito do Pai e Deus mesmo.

No final de tudo, como se depreende, não sabendo mais como definir a amorosidade de Jesus por causa de sua relação íntima com o Deus-*Abba*, acabaram chamando--o com o nome supremo da linguagem humana, para além da qual não se pode ir. Chamaram-no de Deus: um Deus encarnado na nossa miséria e grandeza. Pensaram: *humano assim como Jesus só poderia ser Deus mesmo.*

Esse processo de decifração não terminou com o fato de chamar Jesus de Deus. **Deus é um mistério que evoca outros mistérios**; primeiramente o mistério do próprio ser humano finito, capaz de acolher em si o Infinito, o mistério do mundo, do cosmos como substrato, sem o qual não há ser humano nem Jesus, feito o Cristo.

O próprio mistério da criação está envolvido no mistério de Jesus Cristo (cf. Jo 1,3; Ef 1,10; Cl 1,15-18). Pelo fato de estarmos diante de um mistério sacramental – vale dizer, visível e compreensível, mas sempre mistério em cada compreensão –, isso faz com que cada geração de seguidores de Jesus retome a pergunta que Ele fez aos apóstolos: "o que dizem as multidões que eu sou"? (Lc 9,18 par.). Como resposta a esta pergunta surge a cristologia, como esforço da inteligência reverente e devota por procurar levar avante a compreensão herdada do passado, com novas contribuições, novos títulos, tirados do melhor que cada cultura pode oferecer.

Deve ficar claro que não são os títulos de excelência que constituem a grandeza de Jesus. É sua amorosidade, a soberania que mostrou ao agir em nome do Deus-*Abba* que fizeram surgir todos os títulos, até o mais arrojado e derradeiro, o de Deus. Ao acrescentar *Cristo* (o Ungido, o Messias) ao nome Jesus de Nazaré e ao dizer *Jesus Cristo*, queremos expressar a real humanidade de Jesus (jesuologia) e simultaneamente a real divindade (cristologia).

Bem resumiu o Concílio de Calcedônia (451) em relação à fé comum, critério até hoje definidor de qualquer comunidade que se reporta a Jesus Cristo para que seja considerada Igreja: "Jesus Cristo é perfeito na divindade e perfeito na humanidade, verdadeiramente Deus e verdadeiramente homem, com alma racional e corpo, consubstancial ao Pai segundo a divindade e consubstancial a nós na humanidade".

Foi o fascínio suscitado por Jesus de Nazaré, por seu estilo corajoso e ao mesmo tempo terno, por sua liberdade face às tradições e por haver dado centralidade ao amor incondicional, por sua paixão e morte na cruz, mas especialmente por sua ressurreição, que deslanchou a torrente de reflexões sempre inacabadas e insuficientes para dizer quem foi e quem é Jesus. Numa palavra, Ele é a expressão suprema da amorosidade e da proximidade do Deus-*Abba*, concretizada nele como seu Filho bem-amado. Como dirá São Paulo na Epístola aos Colossenses, por volta dos anos 58-60: "Ele é a imagem do Deus invisível, o primogênito de toda a criatura, porque nele foram criadas todas as coisas, nos céus, na terra, as visíveis e invisíveis; tudo foi criado por Ele e para Ele [...]. Cristo será tudo em todos" (*panta en pásin, oh Christós*) (Cl 1,15; 3,10).

Comovedor é o testemunho de Dostoiévski sobre Jesus, ao deixar a Casa dos Mortos, sua dura prisão sob trabalhos forçados:

> Às vezes Deus me envia instantes de paz; nestes instantes, amo e sinto que sou amado. Foi num destes momentos que compus para mim mesmo um credo, no qual tudo é claro e sagrado. Este credo é muito simples. Ei-lo: creio que não existe nada de mais belo, de mais profundo, de mais simpático, de mais humano e de mais perfeito do que o Cristo; eu o digo a mim mesmo com um amor cioso que não existe e não pode existir. Mais do que isto: se alguém me provar que o Cristo está fora da verdade e que esta não se acha nele, prefiro ficar com o Cristo a ficar com a verdade.

16
Conclusão: a amorosidade de Jesus e o destino da vida na Terra

Francisco de Assis e Francisco de Roma, junto com um exército de pessoas, muitas delas anônimas, ousaram esta aventura, acreditaram e acreditam que pela amorosidade e pela proximidade amorosa do Deus-*Abba* e de Jesus passa a libertação dos seres humanos e a salvaguarda da vida e da Mãe Terra ameaçada.

A gravidade da situação atual nos coloca esta disjuntiva: "ou nos salvamos todos ou ninguém se salva", como o Papa Francisco diz enfaticamente na *Fratelli Tutti* (n. 34). A Mãe Terra se encontra em permanentes dores de parto até que nasça, naquele dia que só Deus sabe quando, o ser novo, o homem e a mulher novos. Juntos, com a natureza incluída, habitarão a única Casa Comum, a *Magna Mater*, a Pachamama e a generosa Mãe

Terra. Então, como profetizou um filósofo alemão, autor da obra *O princípio esperança*, "o verdadeiro gênesis não se encontrará no começo, mas no fim". Só então "Deus viu tudo quanto havia feito e achou que estava muito bom" (Gn 1,31).

Ou incorporaremos este sonho do Nazareno, que nos trouxe a novidade da amorosidade do Deus-*Abba* que sempre está em nossa busca, mesmo nas sombras do vale da morte, ou então devemos temer pelo nosso destino.

Ao invés de sermos os cuidadores do ser, fizemo-nos o satã da Terra, os que ameaçam de morte todas as formas de vida e principalmente a vida humana. Herdamos um paraíso e estamos entregando às gerações futuras uma savana e um deserto. Mas aquele que está no meio de nós como ressuscitado, o Cristo cósmico, jamais nos abandonará e recusará sua amorosidade e proximidade. **O Deus-*Abba* de seu Filho bem-amado tem o poder de, das ruínas, forjar um novo Céu e uma nova Terra**. Então, tudo isso terá passado. As lágrimas serão enxugadas, os tristes serão consolados porque inseridos na família divina do Pai, do Filho e do Espírito Santo. Começará a verdadeira história do Deus-*Abba* com seus filhos e filhas bem-amados no seu Filho unigênito bem-amado, e com o inteiro universo transfigurado pela eternidade afora.

Bibliografia essencial

BARBAGLIO, G. *Jesus, hebreu na Galileia*. São Paulo: Paulus, 2011.

BOFF, C. *O cotidiano de Maria de Nazaré*. São Paulo: Salesiana, 2009.

BOFF, L. *O evangelho do Cristo cósmico*. Petrópolis: Vozes, 1971 [Rio de Janeiro: Record, 2008].

BOFF, L. *Jesus Cristo Libertador*. Petrópolis: Vozes, 1972/2012.

BOFF, L. *Via-sacra da ressurreição*. Petrópolis: Vozes 2003.

BOFF, L. *O ovo da esperança – O sentido da festa da Páscoa*. Rio de Janeiro: Mar de Ideias, 2007.

BOFF, L. *O sol da esperança – Natal: histórias, poesias e símbolos*. Rio de Janeiro: Mar de Ideias, 2007.

BOFF, L. *A ressurreição de Cristo e a nossa ressurreição na morte*. Petrópolis: Vozes, 2010.

BOFF, L. *A Santíssima Trindade é a melhor comunidade*. Petrópolis: Vozes, 2011.

BOFF, L. *Paixão de Cristo, paixão do mundo*. Petrópolis: Vozes, 2012.

BOFF, L. *O Tao da libertação – Explorando a ecologia da transformação* [com Mark Hathaway]. Petrópolis: Vozes, 2012.

BOFF, L. *Cristianismo: o mínimo do mínimo*. Petrópolis: Vozes, 2013.

BOFF, L. *Reflexões de um velho teólogo e pensador*. Petrópolis: Vozes, 2018.

CASTILLO, J.M. *Jesus: a humanização de Deus*. Petrópolis: Vozes, 2015.

COMBLIN, J. *Jesus de Nazaré*. Petrópolis: Vozes, 1990.

CROSSAN, J.D. *Jesus: uma biografia revolucionária*. Rio de Janeiro: Imago, 1995.

CROSSAN, J.D. *Jesus: debaixo de pedras, atrás dos textos*. São Paulo: Paulinas, 2007.

FERRARO, B. *Cristologia*. Petrópolis: Vozes, 2021.

HOORNAERT, E. *Em busca de Jesus de Nazaré*. São Paulo: Paulus, 2016.

LECLERC, E. *O reino escondido*. Petrópolis: Vozes, 1989.

LOHFINK, G. *Jesus de Nazaré: o que Ele queria? Quem Ele era?* Petrópolis: Vozes, 2015.

MESTERS, C. *Com Jesus na contramão*. São Paulo: Paulus, 1995.

MOURA NUNES, J.A. *Jesus de Nazaré: o melhor de nós*. Belo Horizonte: Ramalhete, 2019.

ONIMUS, J. *Jésus en direct*. Paris: Desclée de Brouwer, 1999.

PAGOLA, J.A. *Jesus: aproximação histórica*. Petrópolis: Vozes, 2010.

PAGOLA, J.A. *Voltar a Jesus*. Petrópolis: Vozes, 2015.

SCHILLEBEECKX, E. *Jesus: a história de um vivente*. São Paulo: Paulus, 2017.

SESBOUÉ, B. *Pedagogia de Cristo – Elementos de cristologia fundamental*. São Paulo: Paulinas, 1997.

THEISEN, G. *O movimento de Jesus – História social de uma revolução de valores*. São Paulo: Loyola, 2008.

Livros de Leonardo Boff

1 – *O Evangelho do Cristo Cósmico*. Petrópolis: Vozes, 1971. • Reeditado pela Record (Rio de Janeiro), 2008.

2 – *Jesus Cristo libertador*. Petrópolis: Vozes, 1972.

3 – *Die Kirche als Sakrament im Horizont der Welterfahrung*. Paderborn: Verlag Bonifacius-Druckerei, 1972 [Esgotado].

4 – *A nossa ressurreição na morte*. Petrópolis: Vozes, 1972.

5 – *Vida para além da morte*. Petrópolis: Vozes, 1973.

6 – *O destino do homem e do mundo*. Petrópolis: Vozes, 1973.

7 – *Experimentar Deus*. Petrópolis: Vozes, 2012 [Publicado em 1974 pela Vozes com o título *Atualidade da experiência de Deus*].

8 – *Os sacramentos da vida e a vida dos sacramentos*. Petrópolis: Vozes, 1975.

9 – *A vida religiosa e a Igreja no processo de libertação*. 2. ed. Petrópolis: Vozes/CNBB, 1975 [Esgotado].

10 – *Graça e experiência humana*. Petrópolis: Vozes, 1976.

11 – *Teologia do cativeiro e da libertação*. Lisboa: Multinova, 1976. • Reeditado pela Vozes, 1998.

12 – *Natal: a humanidade e a jovialidade de nosso Deus*. Petrópolis: Vozes, 1976 [Esgotado].

13 – *Eclesiogênese – As comunidades reinventam a Igreja*. Petrópolis: Vozes, 1977. • Reeditado pela Record (Rio de Janeiro), 2008.

14 – *Paixão de Cristo, paixão do mundo*. Petrópolis: Vozes, 1977.

15 – *A fé na periferia do mundo*. Petrópolis: Vozes, 1978 [Esgotado].

16 – *Via-sacra da justiça*. Petrópolis: Vozes, 1978 [Esgotado].

17 – *O rosto materno de Deus*. Petrópolis: Vozes, 1979.

18 – *O Pai-nosso – A oração da libertação integral*. Petrópolis: Vozes, 1979.

19 – *Da libertação – O teológico das libertações sócio-históricas*. Petrópolis: Vozes, 1979 [Esgotado].

20 – *O caminhar da Igreja com os oprimidos*. Rio de Janeiro: Codecri, 1980. • Reeditado pela Vozes (Petrópolis), 1988.

21 – *A Ave-Maria – O feminino e o Espírito Santo*. Petrópolis: Vozes, 1980.

22 – *Libertar para a comunhão e participação*. Rio de Janeiro: CRB, 1980 [Esgotado].

23 – *Igreja: carisma e poder*. Petrópolis: Vozes, 1981. • Reedição ampliada: Ática (Rio de Janeiro), 1994; Record (Rio de Janeiro) 2005.

24 – *Crise, oportunidade de crescimento*. Petrópolis: Vozes, 2011 [Publicado em 1981 pela Vozes com o título *Vida segundo o Espírito*].

25 – *São Francisco de Assis – Ternura e vigor*. Petrópolis: Vozes, 1981.

26 – *Via-sacra para quem quer viver*. Petrópolis: Vozes, 1991 [Publicado em 1982 pela Vozes com o título *Via-sacra da ressurreição*].

27 – *O livro da Divina Consolação*. Petrópolis: Vozes, 2006 [Publicado em 1983 com o título de *Mestre Eckhart: a mística do ser e do não ter*].

28 – *Ética e ecoespiritualidade*. Petrópolis: Vozes, 2011 [Publicado em 1984 pela Vozes com o título *Do lugar do pobre*].

29 – *Teologia à escuta do povo*. Petrópolis: Vozes, 1984 [Esgotado].

30 – *A cruz nossa de cada dia*. Petrópolis: Vozes, 2012 [Publicado em 1984 pela Vozes com o título *Como pregar a cruz hoje numa sociedade de crucificados*].

31 – (com Clodovis Boff) *Teologia da Libertação no debate atual*. Petrópolis: Vozes, 1985 [Esgotado].

32 – *A Trindade e a sociedade*. Petrópolis: Vozes, 2014 [publicado em 1986 com o título *A Trindade, a sociedade e a libertação*].

33 – *E a Igreja se fez povo*. Petrópolis: Vozes, 1986 [esgotado]. • Reeditado em 2011 com o título

Ética e ecoespiritualidade, em conjunto com *Do lugar do pobre*.

34 – (com Clodovis Boff) *Como fazer Teologia da Libertação?* Petrópolis: Vozes, 1986.

35 – *Die befreinde Botschaft.* Friburgo: Herder, 1987.

36 – *A Santíssima Trindade é a melhor comunidade.* Petrópolis: Vozes, 1988.

37 – (com Nelson Porto) *Francisco de Assis – Homem do paraíso.* Petrópolis: Vozes, 1989. • Reedição modificada em 1999.

38 – *Nova evangelização: a perspectiva dos pobres.* Petrópolis: Vozes, 1990 [Esgotado].

39 – *La misión del teólogo em la Iglesia.* Estella: Verbo Divino, 1991.

40 – *Seleção de textos espirituais.* Petrópolis: Vozes, 1991 [Esgotado].

41 – *Seleção de textos militantes.* Petrópolis: Vozes, 1991 [Esgotado].

42 – *Con La libertad del Evangelio.* Madri: Nueva Utopia, 1991.

43 – *América Latina: da conquista à nova evangelização.* São Paulo: Ática, 1992 [Esgotado].

44 – *Ecologia, mundialização e espiritualidade.* São Paulo: Ática, 1993. • Reeditado pela Record (Rio de Janeiro), 2008.

45 – (com Frei Betto) *Mística e espiritualidade*. Rio de Janeiro: Rocco, 1994. • Reedição revista e ampliada pela Vozes (Petrópolis), 2010.

46 – *Nova era: a emergência da consciência planetária*. São Paulo: Ática, 1994. • Reeditado pela Sextante (Rio de Janeiro) em 2003 com o título de *Civilização planetária: desafios à sociedade e ao cristianismo* [Esgotado].

47 – *Je m'explique*. Paris: Desclée de Brouwer, 1994.

48 – (com A. Neguyen Van Si) *Sorella Madre Terra*. Roma: Lavoro, 1994.

49 – *Ecologia – Grito da terra, grito dos pobres*. São Paulo: Ática, 1995. • Reeditado pela Record (Rio de Janeiro) em 2015.

50 – *Princípio Terra – A volta à Terra como pátria comum*. São Paulo: Ática, 1995 [Esgotado].

51 – (org.) *Igreja: entre norte e sul*. São Paulo: Ática, 1995 [Esgotado].

52 – (com José Ramos Regidor e Clodovis Boff) *A Teologia da Libertação: balanços e perspectivas*. São Paulo: Ática, 1996 [Esgotado].

53 – *Brasa sob cinzas*. Rio de Janeiro: Record, 1996.

54 – *A águia e a galinha: uma metáfora da condição humana*. Petrópolis: Vozes, 1997.

55 – *A águia e a galinha: uma metáfora da condição humana*. Edição comemorativa – 20 anos. Petrópolis: Vozes, 2017.

56 – (com Jean-Yves Leloup, Pierre Weil, Roberto Crema) *Espírito na saúde*. Petrópolis: Vozes, 1997.

57 – (com Jean-Yves Leloup, Roberto Crema) *Os terapeutas do deserto – De Fílon de Alexandria e Francisco de Assis a Graf Dürckheim*. Petrópolis: Vozes, 1997.

58 – *O despertar da águia: o dia-bólico e o sim-bólico na construção da realidade*. Petrópolis: Vozes, 1998.

59 – *O despertar da águia: o dia-bólico e o sim-bólico na construção da realidade*. Edição especial. Petrópolis: Vozes, 2017.

60 – *Das Prinzip Mitgefühl – Texte für eine bessere Zukunft*. Friburgo: Herder, 1999.

61 – *Saber cuidar – Ética do humano, compaixão pela terra*. Petrópolis: Vozes, 1999.

62 – *Ética da vida*. Brasília. Letraviva, 1999. • Reeditado pela Record (Rio de Janeiro), 2009.

63 – *Coríntios – Introdução*. Rio de Janeiro: Objetiva, 1999 [Esgotado].

64 – *A oração de São Francisco: uma mensagem de paz para o mundo atual*. Rio de Janeiro: Sextante, 1999. • Reeditado pela Vozes (Petrópolis), 2014.

65 – *Depois de 500 anos: que Brasil queremos?* Petrópolis: Vozes, 2000 [Esgotado].

66 – *Voz do arco-íris*. Brasília: Letraviva, 2000. • Reeditado pela Sextante (Rio de Janeiro), 2004 [Esgotado].

67 – (com Marcos Arruda) *Globalização: desafios socioeconômicos, éticos e educativos*. Petrópolis: Vozes, 2000.

68 – *Tempo de transcendência – O ser humano como um projeto infinito*. Rio de Janeiro: Sextante, 2000. • Reeditado pela Vozes (Petrópolis), 2009.

69 – (com Werner Müller) *Princípio de compaixão e cuidado*. Petrópolis: Vozes, 2000.

70 – *Ethos mundial – Um consenso mínimo entre os humanos*. Brasília: Letraviva, 2000. • Reeditado pela Record (Rio de Janeiro) em 2009.

71 – *Espiritualidade – Um caminho de transformação*. Rio de Janeiro: Sextante, 2001. • Reeditado pela Mar de Ideias (Rio de Janeiro) em 2016.

72 – *O casamento entre o céu e a terra – Contos dos povos indígenas do Brasil*. São Paulo: Salamandra, 2001. • Reeditado pela Mar de Ideias (Rio de Janeiro) em 2014.

73 – *Fundamentalismo*. Rio de Janeiro: Sextante, 2002. • Reedição ampliada e modificada pela Vozes (Petrópolis) em 2009 com o título *Fundamentalismo, terrorismo, religião e paz*.

74 – (com Rose Marie Muraro) *Feminino e masculino: uma nova consciência para o encontro das diferenças*. Rio de Janeiro: Sextante, 2002. • Reeditado pela Record (Rio de Janeiro), 2010.

75 – *Do iceberg à arca de Noé: o nascimento de uma ética planetária*. Rio de Janeiro: Garamond, 2002. • Reeditado pela Mar de Ideias (Rio de Janeiro), 2010.

76 – *Crise: oportunidade de crescimento*. Campinas: Verus, 2002. • Reeditado pela Vozes (Petrópolis) em 2011.

77 – (com Marco Antônio Miranda) *Terra América: imagens*. Rio de Janeiro: Sextante, 2003 [Esgotado].

78 – *Ética e moral: a busca dos fundamentos*. Petrópolis: Vozes, 2003.

79 – *O Senhor é meu Pastor: consolo divino para o desamparo humano*. Rio de Janeiro: Sextante, 2004. • Reeditado pela Vozes (Petrópolis), 2013.

80 – *Responder florindo*. Rio de Janeiro: Garamond, 2004 [Esgotado].

81 – *Novas formas da Igreja: o futuro de um povo a caminho*. Campinas: Verus, 2004 [Esgotado].

82 – *São José: a personificação do Pai*. Campinas: Verus, 2005. • Reeditado pela Vozes (Petrópolis), 2012.

83 – *Un Papa difficile da amare: scritti e interviste*. Roma: Datanews, 2005.

84 – *Virtudes para um outro mundo possível – Vol. I: Hospitalidade: direito e dever de todos*. Petrópolis: Vozes, 2005.

85 – *Virtudes para um outro mundo possível – Vol. II: Convivência, respeito e tolerância.* Petrópolis: Vozes, 2006.

86 – *Virtudes para um outro mundo possível – Vol. III: Comer e beber juntos e viver em paz.* Petrópolis: Vozes, 2006.

87 – *A força da ternura – Pensamentos para um mundo igualitário, solidário, pleno e amoroso.* Rio de Janeiro: Sextante, 2006. • Reeditado pela Mar de Ideias (Rio de Janeiro) em 2012.

88 – *Ovo da esperança: o sentido da Festa da Páscoa.* Rio de Janeiro: Mar de Ideias, 2007.

89 – (com Lúcia Ribeiro) *Masculino, feminino: experiências vividas.* Rio de Janeiro: Record, 2007.

90 – *Sol da esperança – Natal: histórias, poesias e símbolos.* Rio de Janeiro: Mar de Ideias, 2007.

91 – *Homem: satã ou anjo bom.* Rio de Janeiro: Record, 2008.

92 – (com José Roberto Scolforo) *Mundo eucalipto.* Rio de Janeiro: Mar de Ideias, 2008.

93 – *Opção Terra.* Rio de Janeiro: Record, 2009.

94 – *Meditação da luz.* Petrópolis: Vozes, 2010.

95 – *Cuidar da Terra, proteger a vida.* Rio de Janeiro: Record, 2010.

96 – *Cristianismo: o mínimo do mínimo.* Petrópolis: Vozes, 2011.

97 – *El planeta Tierra: crisis, falsas soluciones, alternativas.* Madri: Nueva Utopia, 2011.

98 – (com Marie Hathaway) *O Tao da Libertação – Explorando a ecologia da transformação.* 2. ed. Petrópolis: Vozes, 2012.

99 – *Sustentabilidade: O que é – O que não é.* Petrópolis: Vozes, 2012.

100 – *Jesus Cristo Libertador: ensaio de cristologia crítica para o nosso tempo.* Petrópolis: Vozes, 2012 [Selo Vozes de Bolso].

101 – *O cuidado necessário: na vida, na saúde, na educação, na ecologia, na ética e na espiritualidade.* Petrópolis: Vozes, 2012.

102 – *As quatro ecologias: ambiental, política e social, mental e integral.* Rio de Janeiro: Mar de Ideias, 2012.

103 – *Francisco de Assis – Francisco de Roma: a irrupção da primavera?* Rio de Janeiro: Mar de Ideias, 2013.

104 – *O Espírito Santo – Fogo interior, doador de vida e Pai dos pobres.* Petrópolis: Vozes, 2013.

105 – (com Jürgen Moltmann) *Há esperança para a criação ameaçada?* Petrópolis: Vozes, 2014.

106 – *A grande transformação: na economia, na política, na ecologia e na educação.* Petrópolis: Vozes, 2014.

107 – *Direitos do coração – Como reverdecer o deserto.* São Paulo: Paulus, 2015.

108 – *Ecologia, ciência, espiritualidade – A transição do velho para o novo.* Rio de Janeiro: Mar de Ideias, 2015.

109 – *A Terra na palma da mão – Uma nova visão do planeta e da humanidade.* Petrópolis: Vozes, 2016.

110 – (com Luigi Zoja) *Memórias inquietas e persistentes de L. Boff.* São Paulo: Ideias & Letras, 2016.

111 – (com Frei Betto e Mario Sergio Cortella) *Felicidade foi-se embora?* Petrópolis: Vozes Nobilis, 2016.

112 – *Ética e espiritualidade – Como cuidar da Casa Comum.* Petrópolis: Vozes, 2017.

113 – *De onde vem? – Uma nova visão do universo, da Terra, da vida, do ser humano, do espírito e de Deus.* Rio de Janeiro: Mar de Ideias, 2017.

114 – *A casa, a espiritualidade, o amor.* São Paulo: Paulinas, 2017.

115 – (com Anselm Grün) *O divino em nós.* Petrópolis: Vozes Nobilis, 2017.

116 – *O livro dos elogios: o significado do insignificante.* São Paulo: Paulus, 2017.

117 – *Brasil – Concluir a refundação ou prolongar a dependência?* Petrópolis: Vozes, 2018.

118 – *Reflexões de um velho teólogo e pensador.* Petrópolis: Vozes, 2018.

119 – *A saudade de Deus – A força dos pequenos.* Petrópolis: Vozes, 2020.

120 – *Covid-19 – A Mãe Terra contra-ataca a humanidade: advertências da pandemia.* Petrópolis: Vozes, 2020.

121 – *O doloroso parto da Mãe Terra – Uma sociedade de fraternidade sem fronteiras e de amizade social.* Petrópolis: Vozes, 2021.

122 – *Habitar a Terra – Qual o caminho para a fraternidade universal?* Petrópolis: Vozes, 2021.

123 – *O pescador ambicioso e o peixe encantado – A busca pela justa medida.* Petrópolis: Vozes, 2022.

124 – *Igreja: carisma e poder – Ensaios de eclesiologia militante.* Petrópolis: Vozes, 2022.

125 – *A amorosidade do Deus-Abba e Jesus de Nazaré.* Petrópolis: Vozes, 2023.

126 – *A busca pela justa medida – Como equilibrar o Planeta Terra.* Petrópolis: Vozes, 2023.

Leia também!

Conecte-se conosco:

- **f** facebook.com/editoravozes
- @editoravozes
- @editora_vozes
- youtube.com/editoravozes
- +55 24 2233-9033

www.vozes.com.br

Conheça nossas lojas:

www.livrariavozes.com.br

Belo Horizonte – Brasília – Campinas – Cuiabá – Curitiba
Fortaleza – Juiz de Fora – Petrópolis – Recife – São Paulo

  Vozes de Bolso

EDITORA VOZES LTDA.
Rua Frei Luís, 100 – Centro – Cep 25689-900 – Petrópolis, RJ
Tel.: (24) 2233-9000 – E-mail: vendas@vozes.com.br